閔賢植

閔賢植

Min Hyun Sik Architecture 1987–2012

悅話堂

看書的時候我經常在字下劃線或在書的空白處、字裏行間寫東西。需要專心研讀時，我還會特意準備便條紙等以便隨時做記錄。有時也會利用當天的收據、信封、入場券等以便記住當時的情境。這種習慣可以說是把"書的篇章結構"轉換成"我的思維結構"或歸納要點的一種權宜之計，但更是爲了通過閱讀和身體動作的同時進行，把書的內容刻印在大腦和身體裏。如此隨意地寫寫劃劃，是希望在我的大腦和身體中都留下痕跡，使我再次翻閱時仍能記憶猶新…。這些痕跡的積累，就是我思維的積累，我的建築學思想亦由此萌生。

閔賢植

凡例

· 該書爲2012年韓語版的中文譯本,收錄了從1987年至
2012年間設計的主要建築作品,是作者的第一部作品集。

· 該書反映了作者在建築方面的基本認識,各段文本與相鄰圖
片不一定都有直接聯系。

· 在書末尾的"引文出處"部分詳細標明引文出處,未標註出
處的均爲作者個人見解。

目次

"活著而不思考, 我們的思維模式就會受固定的生活方式的影響。"

保羅·布爾熱Paul Bourget這句發人深思的話使我開始傾情於對"修己空間"的研究。

每個時代的建築家都極具傳奇色彩, 尤其是 20世紀現代主義的巨匠們, 簡直就像時代的獨裁者。他們把所有不能影響生活模式的建築都看做垃圾。他們宣稱:"我們不是在設計房屋。我們給這個新的時代設計了一種新的生活模式。"(密斯·凡德羅 Mies van der Rohe,《白院聚落Weissenhofsiedlung 建築博覽會》序文)。開始竝無他意, 可不久便形成了一發而不可收之勢, 為了賦豫建築以神聖感, 他們利用了處於絕望邊沿的人類。

宋基元致河鍾五的信函中有這樣一段話, 可以說是當時這種情境的寫照。

"在第二本詩集的敘事詩中, 雖然直接以農夫、清潔工人或都市貧民的視角歌頌了普通民眾的生活, 卻由於不能超越自我的局限而使詩歌缺乏藝術性及緊張感。更令人擔憂的是開始以道德主義甚至理想主義的眼光來看待民眾。不僅是詩人, 就是知識界人士在開始脫離現實之後不也都是隨即陷入道德主義、理想主義或是理論萬能主義嗎?(…)不必要的

情感勢必會蒙住我們的雙眼, 使我們看不到真實。(…)真正的詩人應回到民眾中去, 在那裏紮根, 用沾滿泥土、鐵屑、牛糞的雙手來寫詩。只有河鍾五一個人回歸到生活中是不行的。這塊土地上所有的詩人都應該回歸到那裏。因為幸福的時光已經逝去。"

在當今時代, 對于建築師的工作與其說是在創造"某一事物 a thing/a building"竝設計生活, 不如說是在調節日常生活與空間之間的種種"關係 relations"。這就要求我們具有執兩用中的智慧, 避免極端的做法。建築也跟都市一樣, 竝非簡單的一種物化了的存在, 其實它更是一個過程 process。

庭院如同帶有微芯片的線路板之類的電子組織一
般, 沒有固定的起始點和終結點。它變化無窮, 流動
性是其本質特徵。

密斯·凡德羅 Mies van der Rohe 曾言:"透過範斯沃斯住宅的玻璃牆向外望, 與直接身處自然中看時不同, 會賦豫自然以更深的意義。通過這種方式, 大自然能夠向我們講述更多的故事, 使我們看到大的整體中的一個部分。"站在屏山書院的晚對樓上之所以不由地想起這段話, 就是因爲這兩個空間都基於這樣一種理念, 即"在建築中發揮效力的不是形態, 而是空間 Der Raum , 是空處 Das Leere 。"(弗裏茨·紐邁耶 Fritz Neumeyer)

"建築一直作爲統治力量的附屬物而存在"（皮爾·維托裏奧·奧雷利Pier Vittorio Aureli），"社會權力源於對空間的支配, 人類社會的歷史就是空間鬥爭的歷史"（昂立·列裴伏爾Henri Lefebvre）, 這些說法雖然正確, 但當今時代的建築家不能忘記"建築是危險的領域"（雷姆·庫哈斯Rem Koolhaas）這一事實, 在建築實踐中應盡量少受這些言辭的影響。

在室外庭院裏，流線不一定具有次序和體系。流線時常脫離我們的想象，而每當脫離設想的路線時，總能讓我們看到一種特殊的風景。室內外空間相互滲透、界限模糊，小徑則穿梭其間。沿小徑蜿蜒而行，即會創造出魅惑我們的充滿矛盾和緊張感的場景。於是整體蕩然無存，既沒有始也沒有終，只有瞬間場景的連續。這些風景也許竝無特別之處，只是能夠使我們重新認識日常的風景。以低視點來表現繁華都市漂浮不定的形象；一排樹木的表皮在鄰家牆壁的陪襯下顯得異常亮麗，自成一副生動別致的風景畫；在與表現物性的牆壁相接的小巷裏，不經意地擡頭望見都市塊狀的天空，會覺得很新鮮。這種沿著流線精密地編輯而成的風景組合，就像連續播放的幾張劇照，具有一種強烈的力量，使我們在日常生活中保持清醒。在這樣的庭院裏，空間和生活的關係是活躍的，在它們之間持續地誘發著矛盾。

雖說生活的本質特徵就是如此，但生活不是簡單地存在於空間，而是如同刻印在空間裏一般，與空間融爲一體，竝不斷地與空間一起自行變化。

占據一時的生活結束時，似乎終有一天該空間也會隨之消失。但每次的遭遇都會賦豫它一種新的氛圍aura，使其不斷地得以延續，由此可知該空間潛藏著某種特質。

之所以能夠如此，是因爲設計的不只是一個庭院空間，更是一種關係、一種情境。因此，在這裏對空間和生活進行劃分是沒有意義的。雖然可以說是空間容納了一時的生活，但更可以認爲是空間在生活的協助下創造著瞬間特有的氛圍。與其說是踏著地面進入某一空間，不如說是走入空間內部，竝時刻製造著一種矛盾情境，直至空間和生活融爲一體，達到穩定和諧的狀態。

"韓國傳統思想裏始終蘊涵著一種崇高、深刻的生態學智慧。這種思維是詩性的、美學的, 它超越了狹隘的人本主義, 強調人和自然、人和萬物根本上是同一種存在, 他們都遵循著'生生之理'(天造人、造萬物), 謳歌著生命的搏動。"
——朴熙秉

"完全的斷裂這一概念似乎極具說服力, 而且適用
範圍廣泛, 但許多事實證明這種力量竝沒有產生,
也不會產生(⋯)任何一種社會形態都不可能製造一
種變化, 除非這種變化已潛藏在當時的既定條件下,
否則不會發生。"

可以說大衛·哈維David Harvey的這番話從根本上否
定了"創造性破壞"這一現代主義的行爲準則。

人類無法留住時間的腳步,而路或是通道,可以說是人類不斷嘗試以建築結構來表現時間過程的一種偉大嘗試。路上盡是懶散的閑逛者,為了再現過去的記憶,他們總是喜歡把事物和事件中的種種意象分解開來,然後再重新組合成其它模樣。路就是能夠調和這種看似矛盾的價值的空間。

"所謂記憶(…)是一個人再現過去的一種精神或心理現象",也就是一個行為主體把自己的過去和現在聯系起來的一種精神行為及過程,"歷史不是過去的簡單疊加,而是把過去"按主觀意識"進行重新整合的一個客觀過程,再簡單點兒說就是'歷史意識'的歷史。"
——選自全鎮晟的《歷史與記憶》

在抽象化了的地形上,各種場地重疊交錯而又延續不斷,構成了"校園生活的基礎結構"。這些場地具有無限潛力及極大的可變性,使其可以超越第一義的功能主義,形成一個使其能夠迅速、準確地適應激變的時代和社會需求的體系。這是大地原有秩序在建築中的一種體現。

我們所追求的價值不應只是美麗的外觀，更應該是健康。在生態、經濟、地理和哲學方面尋求健康之法是建築設計的倫理，當生活於其中的人們對此產生共鳴時其價值也就得到了充分的體現。

"光(自然光)所演繹出的靈性的光輝和美麗,以及祈禱者的身影,都和房間所呈現的和諧氛圍有著密不可分的關係。要使空間的屬性和功能達到和諧統一,必須具備三個充分必要條件。首先,就是完全性或者無謬性。這種完全性認爲不完全的都是粗鄙的。其次是固有的和諧或一致。再次就是能使某種色彩顯得美麗的澄淨以及光自身的美麗。"

——安伯托·艾柯 Umberto Eco 的《玫瑰之名》

建築是社會關係的產物, 同時也是與社會化過程不斷發生相互作用的活躍對象。在這種意義上, 建築活動就是要再現前人走過的路, 再現前人看到過的山川景物。換句話說就是把今人的日常生活融入前人的日常生活的活動, 也是一種把建築物的歷史編入大地歷史中的活動。這又使我們不由得想起路易斯·巴拉幹 Luis Barragán 的一段話。

"不要問我有關這棟房子或是那棟房子的事, 也不需知道我在做什麼。你們只需看我所看到的。"

"權宜之計就是構築某種'網絡'。比如說夏爾·戴高樂機場，它首先必須是一個以循環性爲目的的城市，因而網絡式的重合、相互連接這一特點本身才能使其成爲一個有意義的城市或建築。在戴高樂機場，與其說分不清哪兒是建築物，哪兒是道路，不如說就是要塑造這種沒有界限概念的城市形象。對於拉德芳斯 La Défense 來說也是如此，城市的基礎設施infrastructure才是最重要的，建築物只是建於其上的神經末梢而已。"

"按照這種理解，我們的工作首先是要創造優先於建築物和道路的元結構meta-structure。"

"在這種思維之下，一直被視爲建築第一要素的功能的地位也會動搖，說不定還會最終消失，因而'繪圖mapping'的方法也要改變。到那個時候，建築將不再是給使用功能披上一層外衣，而是要編寫其他方面的故事。"

——摘自張用淳與閔賢植來往的書信

在都市和建築內的日常生活中所看到的自然，已經
與其本來面目大相徑庭。而我們所期望的是隨著時
間的推移，自然和人造物不再對立，而是相互融合、
共同發展。在這一人爲的自然環境中，建築活動會
採取具體措施來應對specificity這一情形，同時把這
一情形抽象化、一般化generality，使其具有現代性
modernity。通過這種抽象化過程，試圖接近自然本
來的結構。這種有意識地創造出來的人工形象可以
稱之爲"建築景觀architectural landscape"。

建築是蘊涵城市規劃和空間組織的小城市。只是我們面臨抉擇:是作爲社會容器social condenser、具有社會工程學性質的環境決定論的城市?亞裏士多德所追求的"居地統一Synoikismos",即在一個共同體內,追求價值多元化的民主主義城市?還是弗朗瓦索·亞瑟Francois Ascher所說的"超大都市metapolis",即民主多元化的城市共同體?

如果選擇後者,城市的形象將不再取決於視覺上的一個或幾個建築物。這意味著紀念碑式的建築或象徵性雕塑已不再是城市環境的構成要素。需要紀念碑或象徵物的時代是註重宣傳和口號的時代,那是蒙昧的社會。

一直希望能夠建一座融匯過去、未來於現今的一所房子。我的這一期望剛好與葉甫根尼·文諾科羅夫Yevgeny Vinokurov不謀而合。

我時常萌生想寫一本書的衝動,
一本專門關於時間的,
關於時間如何不存在的,
過去和未來
如何融匯於持續的現今的。
我認爲所有人—— 不論是活著的這一代人,
　　過來人,
還是將要活著的下一代人—— 都生活在現在。
就像軍人拆卸他的步槍一樣,
我很想把時間這一主題片片地拆開來寫。

塑造需以各種感官來體味的空間，其核心是細部處理。細部的首要功能可以說是實現材料與材料、空間與空間之間的自然銜接，但實際上細部更是一種裝置，它能夠測定並誘發處於特定情境和時間中的人們對於光線、色澤、聲音、氣味、觸覺、味道等的感知，能夠使觀者在感受到對象變化時感到愉悅。細部具有一種力量，它可使遊走於空間和空間之間的人們的關係變得如同艾格尼絲·馬丁Agnes Martin所描繪的那樣細微。

潭陽瀟灑園的光風閣悄然無聲地融進自然，這一細節使其充分地起到了她應有的作用，並把自然的風和光、聲音和氣味都包容了進來。因此連她的名字也是"坐落在'清風拂面的庭院'中、洋溢著無限風光的亭子"。

營造 "空" 是爲了帶給人一種意想不到的感動。我們期待的是一個空間、一個場所、一個形態對象等在處於某種特定條件時能夠每時每刻都自行創造一種特有的情境和氛圍。

在這一點上路易斯·康 Louis I. Kahn 一直是我所效做的。

"我們知道這棟房子總能帶給我們新的驚喜。在變化莫測的光線作用下,某一天的綠色會成爲那一天特有的綠色。而在別的日子裏,那綠色又是那一天所特有的。沒有什麼是固定不變的。只有一種色光的電燈光只能給我們一種感覺,而太陽光則集各種色光於一體,因此每次看到這棟房子的瞬間它都會給我們一種不同的感覺。而這棟房子作爲建築物存在的每一天都將是與往日不同的、全新的一天。(⋯)在清晨的霞光照射到房子的側壁之前,我們無法想象隨著光線的移動所形成的圖景有多麼的美妙。"

現象學美學的理論基於以下幾點。

"之所以我們能夠把不同的事物區分開來，不是由
於它們內在的本質性差別，而是由於它們施加給周
圍環境的影響不同。"
—— 威丁頓 C. H. Waddington

"我是一個生物個體，尤其是站在人前時，我總能感
覺到環繞於周圍空間的氣即刻滲透進來，使我們成
爲一個整體。"
—— 賈科梅蒂 A. Giacometti

"面對賈科梅蒂的作品時，會更深切地感受到這個世界有多麼地令人難以忍受，之所以如此大概是由於這位藝術家知道爲了發掘人類脫掉虛僞的外殼之後所剩下的真實，必須把所有妨礙視線的東西都挪開的緣故。(…)

美，源於心靈深處的創傷，除此之外別無其他。(…)賈科梅蒂的藝術好像總是要揭示所有存在以及事物隱秘的傷口，把傷口當作這些事物的陪襯。(…)可引發近於恐怖的情感，以及具有同等震撼力的誘惑。"

——尙·惹內Jean Genet

與自然界相應地發生變化的現成物體object只是能使人重新認識固有景觀的一種手段，在建築中對裝飾的運用必須有所節制，因爲建築是我們賴以生活的背景。

"這裏我們所營造的"空"，不是充溢著迷失和孤寂感的虛無或充滿饑渴的苦痛，而是靜謐、明晰、透明性等意義。"空"表明一種潛力，這種潛力可使其無聲地回響、充滿，並向完滿無限靠近。"

"空是時間、瞬間、場所和情境之間的。空是石板橋石塊兒之間空餘的部分，可以讓人輕輕地跨過，如同歌唱中以連音的方式把音符之間的空白自然地銜接起來一樣。空不是鍾擺到達一端頂點之後的靜止，而是靜止的那一刻。"

——邁克爾·本尼迪克特 Michael Benedikt

"凡人雖有性, 心無定志, 待物而後作, 待悅而後行, 待習而後定。喜怒哀悲之氣, 性也。及其見於外, 則物取之也。性自命出, 命自天降。道始於情, 情生於性。始者近情, 終者近義。"

—《性自命出》

"'喜怒哀樂之未發, 謂之中, 發而皆中節, 謂之和。中也者, 天下之大本也。和也者, 天下之大道也。'

—《中庸》

(…)可以說是指所有情感達到的動態平衡 dynamic equilibrium 狀態。'中'不是指道德行爲方面的調和狀態, 而是指精神能量的原初性, 體現了子思思想的偉大之處。"

— 金容沃

"空的空間"如同"誠"，可以自我組織生成，也就是說根據內部和外部的條件進行自我創造。誠者自成也。

"俗話說 '一次不算什麼'. 我在兒時就聽過這句話,
當時覺得意思再清楚不過了。但是在攝影方面情形
就不是這樣了。因爲對於照片來說,一次真的就意
味著僅有的一次。"

——維姆·文德斯Wim Wenders

設置水池的庭院, 最好能像莫奈 C. Monet 畫的睡蓮池塘。

"是的, 在清晨的水中一切都是清新的。在五彩斑斕的陽光照射下, 變色龍似的河水洋溢著無限的生命感。在微波蕩漾的水中所有花朵都煥然一新。宛若明鏡的水面輕微的波動更是映襯得花兒嬌美無比。詩人說: 水面的波動是水中花兒的怦然心動。每一朵花兒的綻放都能使整個水池引起一陣騷動。蘆葦越是筆直地挺立越是襯托出微波之美。還有穿過重重疊疊的蓮葉露出水面的鳶尾花散發著無限生機, 這種出奇制勝畫家當然不會錯過。鳶尾花拔出所有刀劍般鋒利的葉片, 以至於讓人擔心它會不會傷到自己。在這一極具反諷意味的情境之下, 鳶尾花嫩黃的向下翻卷的花瓣就像伸出的舌頭, 在高出水面的地方低垂著。

是否可以大膽地認為, 在莫奈描繪的池塘面前, 陷入沉思的哲學家會認為鳶尾花和睡蓮, 直立的蘆葦和安靜、小心地漂浮在水面的葉片是既相對立又互相統一的關係。這應該就是水草自身的辯證法吧。"

— 加斯東·巴什拉 Gaston Bachelard

不斷激發我對建築產生想象的是伊塔洛·卡爾維諾Italo Calvino的《看不見的都市》，尤其是其中的三個系列。

城市與記憶 之三

至高無上的忽必烈啊，無論我怎樣努力，都難以描述出高大碉堡林立的紮伊拉城Zaira。我可以告訴你，高低起伏的街道有多少級臺階，拱廊的弧形有多少度，屋頂上鋪的是怎樣的鋅板瓦。但是，其實這等於什麼都沒有告訴你。

構成這些城市的不是肉眼所見的這些事物，而是她的空間量度與歷史事件之間的關係。燈柱的高度，被吊死的篡位者來回晃動的雙腳離地面的距離；系在燈柱與對面柵欄之間的繩索；在女王大婚儀仗隊行經時如何披紅掛彩；柵欄的高度和偷情漢子如何在黎明時分爬過柵欄；屋檐流水槽的傾斜度和一隻貓如何沿著它溜進窗戶；突然在海峽外出現的軍艦的火器射程和炮如何打壞了流水槽；漁網的破口，三個老人如何坐在碼頭一邊補網一邊講已經重

複了上百次的篡位者的故事，有人說他是女王的私生子，包在繈褓裏被遺棄在這個碼頭上。

城市就像一塊海綿，吸汲著這些不斷湧流的記憶的潮水，並且不斷膨脹著。對今日紮伊拉的描述，還應該包括紮伊拉的整個過去。然而，城市不會述說它的過去，只會像包容著手紋一樣，把它寫在街巷的角落、窗格的護欄、樓梯的扶手、避雷的天線和旗桿上，每一道印記都是抓撓、鋸銼、刻鑿、猛擊留下的痕跡。

城市與慾望 之五

從那裏出發，再走上六天七夜，你便能到達佐貝伊德Zobeide，月光之下的白色城市，那裏的街巷互相纏繞，就像線團一樣。對這個城市的起源人們是這樣講述的：不同國家的人們做了一個夢，夢中見到一座夜色中的陌生城市，一個女子，身後披著長髮，赤身裸體地奔跑著。大家都在夢中追趕著她，轉啊轉啊，所有的人都失去了她的蹤影。醒來後，所有人都去尋找那座城市。沒有找到城市，那些人卻匯聚

到了一起，於是大家決定建造一座夢境中的城市。每個人按照自己夢中追尋所經過的路鋪設了一條街道，在夢境裏失去女子蹤影的地方建造了區別於夢境的空間和牆壁，好讓那個女子再也不得脫身。

這就是佐貝伊德城，那些人在這裏定居下來，期待著終有一夜夢境再現。但是無論是在夢境，還是在清醒時，誰也沒有再見到那個女子。城裏的街巷就是他們每天上班工作要走的路，與夢裏的追逐再也沒有什麼關係。久而久之，連夢也被遺忘了。

其它國家的人們也做過同樣的夢，他們便來到這裏，並且從佐貝伊德的街巷裏看出某些自己夢中的道路，於是就改變一些拱廊和樓梯的位置，使它們更加接近夢裏追趕那個女子的景況，讓女子失蹤的地方再也沒有任何逃遁的出路。

最早來的人們想不通，是什麼吸引那些人來到佐貝伊德，走進這座陷阱，這座醜陋的城市。

城市與天空 之三

除了木板圍牆、帆布屏障、腳手架、鐵架、繩索吊著或是鋸木架承著的木板、梯子和高架橋之外，到莎克拉 Thekla 來的旅客看不到什麼特別的。如果你問，"莎克拉的建築工程為什麼總不能完工呢？"市民就會一邊繼續擡起一袋袋的材料、垂下水平錘、上下揮動長刷子，一邊回答說："那是為了不讓它崩塌。"如果你追問他們是不是害怕一旦拆掉腳手架，城就會完全倒塌，他們會趕緊低聲說，"不僅僅是城哩。"

假使有人不滿意這些答案而窺望圍牆的縫隙，就會看見起重機吊著別的起重機、腳手架支撐著別的腳手架、梁柱架起別的梁柱。於是就問："你們的施工作業有什麼意義呢？""建造這個城市不就是為了使一個城市誕生嗎？能給我看看這個城市的設計圖紙嗎？"

"天黑下來停工的時候給你看吧。現在我們不能停下這些活兒。"他們回答。

工作在日落時停止，夜幕開始降臨，天上星光閃耀。這時候他們才說："你看，那就是我們的設計圖"。

朴景利的小說《土地》中, 月仙臨終之際和李勇依依惜別的場景, 可以說是我最喜歡的一個片段。

三個人都好像被她全身散發出的莊嚴氣息震懾住似的僵立著。房門開了又關上了。李勇走進去俯身注視著月仙, 月仙的目光也爲之一亮, 攤眼望著李勇。

"我知道你會來的。"
月仙坐起來靠了過來。
"伐木的活兒一完我就來了。"
李勇喃喃低語道。
"嗯, 我早就料到了。"
"月仙。"
臉互相緊緊地貼著。然後開始輕輕地顫抖, 從發根到腳趾抖得像片樹葉。不久又停止了抽搐。
"月仙。"
"嗯?"
"別動。"
李勇掀起被角把月仙抱在腿上。發髻上的銀簪掉落到地上。

"我身子涼吧?"
"不涼。"
"咱們在一起的時間算是挺長的了。"
"嗯。"
他們對望著, 只有眼睛是動的。月仙的身子輕的跟羽毛似的, 連抓李勇衣角的力氣都沒有了。
"你沒什麼遺憾吧?"
"嗯, 沒有。"
"那就行了。我也沒什麼可遺憾的。"
輕撫了一下兒她的頭髮, 她的臉小得跟拳頭般大。又撫摸了一下她的下巴, 這才小心翼翼地放她躺下。

李勇回來後, 月仙又支撐了兩天, 然後就在正月初二的拂曉離開了人世。

時間對於人類來說是宿命性的、無可奈何的。就在
受到人爲的創傷竝自然痊愈的過程中，"偉大的記
憶"聚積起來，充滿了該空間，使這塊土地帶上了極
大的可能性。"和平公園"就是爲了能使人們虔誠地
進行默想而重新構築起來的地形空間。

韓國的傳統空間觀蘊涵著早期儒學和道家的自然觀以及佛教的禪宗思想等, 是關於人與自然相融相生的哲學。這種空間觀認爲天、地、人是一個龐大的有機整體, 把大地看作是有生命的、能動的存在, 把人看作是和天、地一起形成自然的其中一個要素。

朝鮮時期形成修己空間的思想基礎是儒生精神。儒生精神重視作爲主體的人和客體的自然的合一，並把這種文學思潮以性理學進行了系統化，又在現實生活中付諸實踐。儒生精神又是道學精神，重視義理，把禮儀、廉恥視爲生命，甚至於爲了正義可以不惜生命。

這種精神曾經是維系我們美好傳統社會共同體的力量，是形成我們偉大精神遺產的基礎。

寄傲軒是位於昌德宮後苑的一處讀書堂，意爲以儒生的傲氣來修煉心志的處所。金馬門位於愛蓮亭的前邊、不老門的旁邊。從金馬門走進去便能看到寄傲軒和倚鬥閣，據說這裏是孝明世子讀書的地方。和昌德宮其它華美的亭樓不同，寄傲軒小而典雅、樸素而不粗陋，有一種非凡的氣韻。寄傲軒之名出自陶淵明《歸去來辭》中的一句。

"倚南窓以寄傲，審容膝之易安。"

在廣闊而美好的大自然中盡量占據小且樸素的空間，只是全心地敬畏自然，這些着實反映了儒生們追求共同性和清貧的美德，也體現了他們對天地人合一之本源世界的不懈追求。

庭院
從美學走向倫理學

閔賢植

韓國傳統建築的重要要素之一是"庭院[1]即居室", 我的建築思想即源於此。以"空"爲特色的這一空間不同於一般性的"建築空間"[2], 它相對地帶有透明性、非物質性等特徵, 表現出輕松、隨意的傾向。主體自行消散, 漠視表象主義的藝術價值, 在這一點上使其具有現代藝術的特徵, 而不講究美學這一特性又使其帶有後現代藝術的矛盾二重性。

也許有人提出質疑: 沉潛於"空"就會出現虛無的傾向, 這一問題如何處理? 盡管如此, 我們仍相信, 通過構築庭院的"空", 可以彌補表象主義建築的缺陷, 超越對象化的水準, 從而進一步探索建築更深層的含義。

作爲一個建築家, 而不是理論家, 在這一探索過程中會感到理論上的貧乏。一直把設計看作理論化操作的一種方法, 因此總是試圖對自己的操作加以理論性的闡釋。可實際上操作本身不是紙上談兵, 而且我的設計構想既與西方的現代建築史同流, 又紮根於與西方思想相排斥的韓國傳統的建築哲學和方法論, 這一矛盾也導致我在理論上的貧乏。但我相信矛盾有時會激發人的靈感, 激發創造性。

基於這種認識, 我從"空"這一視角出發, 從世界建築史和藝術家們的成果中, 選取我所關注的, 又融匯其他思想進行創造性的重組, 希望"構築空"的思想能成爲一種切實可行的建築實踐理論。

"空"的功能 —— 不确定性空間

空的庭院是帶有不確定性的空間indeterminate space。[3] 從功能主義的觀點來看, 該空間沒有預定的功能。換句話說就是庭院不是按功能主義的那種"功能決定形式Form Follows Fuction"的模式來集中體現[4] 既定功能的那種空間。

不確定性空間是像謎一樣的空間, 總能讓人期待某種事件的發生, 既適合獨處, 也適合許多人共處; 能夠適應多種用途的需要, 能夠隨着使用頻度、用途的變化等適時變化。[5] 之所以能夠如此, 是因爲該空間不是爲滿足某種使用功能而建構的一種形態或形式, 而是一種潛在力, 是依據對時間的感覺來設計的。

這就是大地的特性, 是與大地具有密切關係的生活的基礎設施infrastructure所具有的本質特徵, 因此可以適切地隨時間、場所的變化而具體變化。[6] 這樣的空間具有多種功能, 能夠容納多樣性, 可以溫和地表現多元化的概念、激發想像力, 尤其是能夠使人在這種不確定性和非確實性中感到愉悅。我們更期待在非確實性和非確定性中看到空間的真實性, 其目的是爲了不扼制將來使用這一空間的人發揮潛力和想像力, 從而使有限的資源和可能性無限地擴大。

我信奉"不表現過多", 即"幾乎不做什麼"這句話, 因爲做得太多會阻礙未來使用者發揮潛力和想像力。建築師的使命是播種、製造生長劑, 是設計能夠預測部分結果的程序的起始部分, 因此建築師的活動應該受到限制。這是我們這個時代的空間經濟學, 也是創造美的條件。

這種"庭院"設計的關鍵在於地面的結構。隨著占有方式的不同, 庭院的性質會一時被確定下來, 這就要求庭院必須能夠靈活地適應條件的變化、功能的要求、活動形式等, 因此庭院的地面結構要體現變化性和靈活性。地面的秩序如同表皮後面藏有芯片的線路板之類的電子組織一般, 沒有固定的形態, 沒有起始和終結, 具有不斷變化的動態特徵。[7] 這又如同以流動的液體媒介爲基礎條件的現代體育運動, 即懸掛式滑翔、高飛跳、衝浪、漂流等運動, 具有極大的多樣性, 富於變化, 不可預測, 需要以敏銳的感覺作出迅速的判斷, 同時伴有可以預測的危險。

空的美學 —— 特別的不確定性空間[8]

庭院帶有現象學美學的特徵。現象學對於空間以及對象物的理解基於以下一些論點。

"之所以我們能夠把不同事物區分開來, 不是由於它們內在的本質性差別, 而是由於它們施加給周圍環境的影響不同所致。某種事物能夠以不同於其它事物的特性存在或是既已存在, 並且爲了不至潰滅或消失, 都需要某種力量來維持。與其說這種力量是該事物內在的, 不如說是從內部散發出來的對周圍環境產生刺激的影響力。"[9]

這種看法極易導致兩種極端對立的做法。即把世界看作是現象和本質的二元結構, 或與此相反, 看作是現象或是對現象進行調整的無意識。賈科梅蒂 A. Giacometti 對這些問題就採取了辯證統一的態度, 我們可以借鑒他的藝術直覺來克服這一弊端。

"我是一個生物個體, 尤其是站在人前時, 我總能感覺到環繞於周圍空間的氣即刻滲透進來, 使我們成爲一個整體。"[10]

是否由於世間的一切都帶有決定性的瞬間, 平常的世界有時會帶給我們全新的感受, 形成有價值的瞬間。雨後的陽光灑滿柏油馬路之際; 流雲定格於窗欞的一刻; 黃昏時分黑暗開始降臨到路邊的林蔭樹, 而夕陽的餘暉灑向高出林蔭樹的鐘塔之時, 我們會驚呼: "蘋果真的是圓的!"許多詩人贊美過這樣的瞬間, [11] 印象派畫家更是描繪了對這些瞬間的印象。[12] 而攝影之所以能成爲藝術, 就是因爲捕捉到了這些不再重複出現的瞬間。[13]

面對這樣的瞬間, 我們的直覺並非完全是感性的, 而是實在本身, 指中性的清心無慾境界。外顯的現象和實在, 加上向事物本身的無限接近, 就會引發一種莫名的喜悅。起初是始於一種感覺, 向所有其它感覺快速擴張之後, 就會感到全身的每個細胞都在顫動。這種經驗, 這些特別的瞬間都是感人至深的。從這些瞬間出發, 我們可以構築對於作爲獨立的、有意義的實在本身來說最佳的、竝且是必需的感覺。邁克爾·本尼迪克特M. Benedikt稱之爲"對於實在的直接審美體驗",[14] 認爲建築及建築空間不是簡單的視覺審美對象, 而是以五種感官認知的、每個瞬間的感受都是全新的那種經驗, 竝表示更喜歡對於實在的直接審美經驗。對於"空"的說明則如下文。

"這裏我們所追求的'空'不是充溢著迷失和孤寂感的虛無[15]或充滿饑渴的苦痛, 而是代表靜謐、明晰、透明性等意義。'空'表明一種潛力, 這種潛力可使其無聲地回響、充滿, 竝向完滿無限靠近。"

"空是時間、瞬間、場所和情境之間的。空是石板橋石塊兒之間空餘的部分, 人們從上面輕輕地跨過, 如同歌唱中以連音的方式把音符之間的空白自然地銜接起來一樣。空不是鐘擺到達一端頂點之後的靜止, 而是靜止的那一刻。"[16]

這種做法在朝鮮時期的水墨畫或莫蘭迪G. Morandi 等畫家的作品中都有充分的體現。與其說他們是在畫中刻畫物象, 不如說是在設計空白。就是說和繪畫的部分相比, 留白是更加重要的。下面我們不妨談一談代表水墨手法的文人畫。文人畫不提倡寫實, 因此說它是繪畫, 不如稱其爲一種書體。書體對於畫家來說是對某種特定關係的詩歌式表現, 是爲身體和畫布接觸時那激昂的瞬間進行的一種修煉, 又如同一種儀式。

這種做法在大地藝術家的創作過程中也很常見。理查德·塞拉R. Serra的作品《La Mormaire》由十塊鋼板組成, 鋼板之間留有空白, 表現了這些鋼板和大地之間關係的形成。通過這一安裝實踐過程, 表現了"特殊場所和大地"所具有的全新的可能性。

密斯·凡德羅Mies van der Rohe的作品都如同水晶般簡潔, 可以看出他的美學是依托於現象的。也就是說他所提倡的"淨化建造形式, 使之不具有任何多餘的東西"這一理念就是基於審美經濟學的觀點。他的作品不是孤立地存在着的, 隨著周遭都市白晝、季節的變化, 每時每刻瞬間的變化都被反射出去或透射進來, 每當這時這些作品的真實才顯現出來。在光和風的嬉戲中持續地變化著, 從無懈可擊的不透明到完美的透明, 在周圍環境瞬間的變化和觀賞者心境的作用下, 可以使人獲得瞬間特別的審美體驗。

路易斯·康L. I. Kahn也在反複講述建築每天在和自然的碰撞中給豫人的特別的感動。

"我們知道這棟房子總是帶給我們新的驚喜。在瞬息萬變的光線作用下, 某一天的綠色會成爲那一天特有的綠色。而在別的日子裏, 那綠色又是那一天所特有的。沒有什麼是固定不變的。只帶有一種色光的電燈光只能給我們一種感覺, 而太陽光則集各種色光於一體, 因此每次看到這棟房子的瞬間它都會給我們一種全新的感覺。而這棟房子作爲建築物存在的每一天都將是與往日不同的、全新的一天。(…)

有一位著名詩人問他: '你蓋的房子都有哪些陽光呢？哪種陽光能進入你的房間呢？'——'在清晨的霞光照射到房子的側壁之前, 我們無法想象隨著光線的移動所形成的圖景有多麼的美妙。"[17]

以這種觀點來看, 空的庭院所指向的是和周圍環境形成一種和諧關係, 因此所處位置的地形、地勢和光線的移動、風向, 以及周圍自然風景等各種特殊條件都是設計庭院時要考慮的因素。某一特定的庭院從功能上看與其它庭院沒有兩樣, 是中性的、模不確定性的空間. 然而通過感性的判斷, 建築師注意到周圍環境的特殊條件後加以選擇、進行再闡釋, 使它們之間建立一種特殊的關係,[18] 從而使該庭院獲得不同於其它庭院的自身價值。也就是 "特別的不確定性空間 specific indeterminate spate"。

因此我們說庭院設計就是不放過任何一個環境因素, 重新進行編輯, 使它們獲得一種微妙的關係。最終庭院設計所創造的不是空間的形式, 而是和周圍景觀的一種相對關係, 所以界限被輕柔地抹去了。

在室外庭院裏, 流線不一定具有次序和體系。流線時常脫離我們的想象, 而每當脫離我們設想的路線時, 總能讓我們看到一種特殊的風景。室內外空間相互滲透、界限模糊, 小徑則穿梭其間。沿小徑蜿蜒而行, 即會創造出魅惑我們的充滿矛盾和緊張感的場景。於是整體蕩然無存, 既沒有始也沒有終, 只有瞬間場景的連續。這些風景也許並無特別之處, 只是能夠使我們重新認識日常的風景。以低視點來表現繁華都市漂浮不定的形象; 一排樹木的表皮在鄰家墙壁的陪襯下顯得異常亮麗, 自成一副生動別致的風景畫; 在與表現物性的墙壁相接的小巷裏, 不經意地擡頭望見都市塊狀的天空, 會覺得很新鮮。這種沿著流線精密地編輯而成的風景組合, 就像連續播放的幾張劇照, 具有一種強烈的力量, 使我們在日常生活中保持清醒。在這樣的庭院裏, 空間和生活的關係是活躍的, 在它們之間持續地誘發著矛盾。雖說生活的本質特徵就是如此, 但生活不是簡單地存在於空間, 而是如同刻印在空間裏一般, 與空間融爲一體, 並不斷地與空間一起自行變化。占據一時的生活結束時, 似乎終有一天該空間也會隨之消失。但每次的遭遇都會賦豫它一種新的氛圍 aura, 使其不斷得以延續, 由此可知該空間潛藏著某種特質。

之所以能夠如此, 是因爲設計的不只是一個庭院空間, 更是一種關係、一種情境。因此, 在這裏對空間和生活進行劃分是沒有意義的。雖然可以說是空間容納了一時的生活, 但更可以認爲是空間在生活的協助下創造著瞬間特有的氛圍。因此與其說是踏著地面進入某一空間, 不如說是走入空間內部, 並時刻製造著一種矛盾情境, 直至空間和生活融爲一體, 達到穩定和諧的狀態。"庭院"的意義不是直接呈現出來的, 而是無限延續變化的在場和不在場的不斷交替, 類似 J. Derrida 的延異, 是時空上的錯位, 帶有矛盾二重性。這也是互相對立的主體和他者等互相矛盾的事物共生共存的源泉。

這種庭院所呈現的情景是爲空間和生活相遇的瞬間準備的一種儀式, 因此該空間是充溢著行爲 performance 再現爲 representation 現象 appearance 這種可能性的空間。

空的倫理學

空的庭院不具有任何執行某種預定功能的固定形象 figure, 是潛在性尚未顯現的空間, 能夠隨外界情況的變化而不斷並適宜地作出變化。不斷地變化即意味著能夠持續生成差異, 這說明它是生生不息的存在。

這就是中庸的空間,[19] 處於尚未顯現狀態的這一 "空" 的空間如同能夠自我成就的 "誠", 能夠根據外部和內部條件的變化自行創造、自我組織生成 self-organizing becoming,[20] 阿那克西曼德 Anaximandros 的阿派朗理論 apeiron[21] 吉爾·德勒茲的不斷脫領土化的沒有器官的身體 (CsO)。同時也意味著擺脫了在西方思想史中持續了2500年的柏拉圖思想的控制, 以及柏格森 H. Bergson 認同的哲學家赫拉克利特關於生成與變化思想的美麗複蘇。這裏所說的 "空的空間" 不是指單純的空無狀態, 而是指 "無一絲污濁之氣、體現

'純粹性'的認識論上的'空'。正因爲空, 所以能對所有感覺資料sense data沒有絲毫偏見地作出反應。"[22]

朝鮮時期的儒生認識到了這種意義上的空間具有"生生不息"的屬性, 因此他們兴建的書院、精舍、亭子、樓閣等空間的美就不限於該空間自身。從和瞬息萬變的自然交流時起, 該空間的美就得以形成, 並不斷生成差異。這就是以持續的變化、創造性的創造creative creation爲本質特徵的美。之所以如此, 是因爲"存在著的"是在不斷變化著的。[23]

如果認爲差異和變化就是不斷自我否定的過程的話, 那麼與莊嚴的自然同步變化著的這一空間就是從美學走向倫理學的通道。因此在陽光和微風下漾動的樹葉般的該空間就成爲儒生們自我反思的場所, 並被命名爲修己空間。[24]

說到這兒, 我們有必要深入探究和了解韓半島的特殊地勢、韓國傳統自然觀對這種特殊地勢營造的空間持有的看法以及這種思想認識下人們"占有土地的態度"。

我們不妨先看一下韓國古代的地圖, 它們極其鮮明地反映了韓半島特殊地勢所營造的景觀布局。韓國傳統地理學(地圖和地誌), 尤其是朝鮮後期地理學最獨特的觀點就是把大地看作由山徑(山脊連續的走向)和水徑(由作爲分水嶺的山脊所形成的水的走向)有機地組合而成的整體。因此雖然地圖由二維平面畫成, 呈現在眼前的卻是廣闊的地形空間land-space, 是由山脈的走向和河水的流向構成的三維景觀。從中還可以看到在這塊土地上選擇獨特的位置進行耕作、修路、建屋群居的韓半島人民的生活。

這裏所反映的傳統的空間觀融匯了早期儒學和道家的自然觀以及佛教的禪思想等, 是把天地人看作統一的整體、強調人與自然共存的哲學,[25] 也就是人物均[26]思想。韓國人民一直把大地看作是有生命的、動態的, 即生生不息的存在, 把人看作與天和地共同構成自然的一個因子。換句話說, 韓國人民一直把大地看作建築和城市等人工構造物的基礎設施, 是充溢著爲人類所用, 即領土化的可能性和潛力、具有可創性emergency properties的空間。

在這種認識之下, 自然和人類以及自然空間和人工空間的界限被瓦解, 人造物和自然物的區別也變得沒有意義, 現代規劃Modern Project也能從"各種建築在一起造就一個帶有特質的環境"這種模式轉化爲"把環境以及土地的條件變成建築的條件"的模式。換句話說, 不是把建築看成一個現成物品object, 而是看成組成環境的一個因子, 因此與建築自身相比, 更重視建築與建築、建築與周圍環境的關係。

房屋不是在建築師個人意志下創造出來的, 而是首先對環境進行觀察, 從觀察的結果中推導出建造房屋的條件。不是創造一個作爲物體的建築, 而是在已有的風景中建一座房屋, 營造一個新的建築景觀。我們所期待的是新添的房屋和環境在相當一段時間內能夠互相影響, 直到有一天這座房屋絕妙地成爲組成周圍環境的一個因素。[27] 不是創造一個環境,[28]而是要對固有環境加強倫理意識, 這種思想和態度就是超越表象主義建築, 即對象化水準的一種實踐方法。

不僅如此, 在營造修己空間時, 在廣闊、美麗的自然中所盡量占據小且簡樸的空間, 只是全心地敬畏自然, 致力於體現共同性和清貧的美德。這是對自然和人類採取的道德之法, 也是奇傲精神之路。[29]

這種方法就是要通過不斷否定和反思的過程逐漸接近本體, 這也是營造"空"的過程。通過使視覺和知覺發生變化、達到頓悟的裝置的作用來消除對象性, 同時意識喚起作用的形成使達到空, 桑亞他sunyata。並進一步達到太虛[30]的境界。

超越表象主義的建築

與以理性和自由幻想"更美好世界"的現代規劃Modern Project相反,上個世紀卻是背叛理性、充滿暴力和戰爭的時代,[31]最終成爲與自由和自律背道而馳的景觀社會。生活本身展現爲景觀的龐大堆積,直接屬於生活的一切全部轉化爲一個表象。尤其是在資本主義社會裏,"一切堅固的都煙消雲散了,一切神聖的東西都被褻瀆了,所有關係都成了商業關係,"[32] 一切存在墮落爲占有之後,隨即轉化爲虛幻的表象。首當其衝的就是看似堅固的城市和建築。

在景觀社會裏,存在一直被用以誘導被動消費,而且是通過人爲設計的意象傳播的。意象則是爲剝奪人們在生活中的直接體驗、情緒和關係而設計的。人們被迫適應城市和建築所設計的生活,[33] 竝且只能站在旁觀者的立場。其實這些只不過是試圖把時間限定在空間內的一種妄想。因此不能把景觀社會簡單地看作是對視覺世界的濫用或對意象大量進行傳播的產物,相反,它是現實的,是物化了的、對象化了的世界觀。

不僅如此,現代社會更是要和過去的時代截然區別開來。在景觀社會裏,至少景觀是由事物的本體[34]構成的,如今卻完全被虛像取代。李正雨曾指出:"從不久前起,這個世界就開始進入一個時代結束、新的時代開始的過渡期","這個新的時代就是做真時代,電腦和影像是造就這個時代的典型器械。這些器械在支配人們的生活的同時,虛像開始超越事物本身而占據主導地位。(⋯)語言和繪畫這些傳統虛像退居後線,由模擬實驗生成的意象和事件充斥文化的各個領域。做真的得勢給現代文化帶來了活力(尤其是美學方面),同時也使現代社會陷入幻境。(⋯)生活和幻境之間的關係被顛倒"。[35] 在現代社會裏,符號勝過符號化了的事物,模本勝過原本,幻象勝過現實,現象勝過本質。只有幻像是神聖的,真實的反而被看作是庸俗的。是的,神聖性正隨著真理之減少和幻像之增加而上升,其結果,最高級的幻像也就是最高級的神聖。[36]

試圖擺脫這一切的企圖伴隨著現代規劃的實施已在其內部孕育了下一輪的反叛。19世紀的懷疑論者,如亨利·柏格森H. Bergson、尼采F. W. Nietzsche、馬克思K. H. Marx、弗洛伊德S. Freud等,他們的懷疑推毀了柏拉圖和勒奈·笛卡爾R. Descartes構築的形而上學的堅固壁壘,喬伊斯J. Joyce、弗吉尼亞·伍爾芙A. V. Woolf、艾略特T. S. Eliot等作家則早已認識到人類主體中具有不屬於判斷力和理性的不固定的形象、分裂的慾望、潛在的力量、無意識的刺激、身體的情感、知覺印象的流動等。具有諷刺意味的是,這種逃脫的企圖卻帶有界限瓦解、非存在、不確定、假象、非實在、無意義、生成、虛像等色彩(這些曾經被看作是毫無價值的),竝與概念化背道而馳。人們一直期待推翻幾千年來的"理性重於感性aisthesis"這一老套公式,如今已成了現實。感性是先於理性的,有了感性,理性才成爲可能。因此感覺是從感官直接到身體的存在論的活動,是在生物體和外部環境互相接觸的滲透膜表面所感覺到的一個個細胞的振動,[37] 是唯物論的事件。

認識到21世紀的這種現狀之後,我們有必要反思建築這個領域,超越充斥著表象主義建築的景觀社會,回到所有價值形成之前存在過的、和自然存在紐帶關係的記憶當中,回歸到喜怒哀樂處於未發狀態的"空被構築"的建築,竝且過渡到超越對象化水準、關注系統之靈活性[38]的有生命的建築。這是這個時代建築的義務和倫理。

註釋

1 "營造空"這一概念對我們來說還很陌生,好像不太明晰。開始提筆寫這本書的時候我把書名定爲"空之構築structuring emptiness"。這是2002年受賓夕法尼亞大學U-Penn之邀舉辦的"空之構築"(閔賢植+承孝相建築展)建築展的標題,也是我和承孝相、姜爀一起寫的書的標題(《空之構築》,東方出版社,2005)。在這裏"空"和"構築"是兩個互相矛盾的詞,我們把它們放到了一起。而在這本書裏我們所說的"庭院"與通常所指的建築形象figure相比更強調背景ground,所以不用"構築"而用"營造"更能體現本書的寫作意圖。

把傳統上建築的"形式figure/背景ground"這一順序調換成"背景/形式",是爲了把建築看作有生命的存在。生物體在自我創生autopoiesis系統中具有驚人的特性,它靠自身的力量產生,靠自身的運動漸漸地從環境中分離出來(亨博托·馬圖拉納Humberto Maturana·弗朗西斯克·維若拉Francisco Varela,崔浩英譯《知識之樹The tree of knowledge》,Galmuri Publishing, 2007)在處於複雜網絡中的一個紋樣周圍劃出界限、把它孤立起來,並稱之爲"對象",不能不說這是恣意妄行之舉。

在古希臘語中"architectonicé(建築)"是"architectonicé techné"的意思。"architectonicé techné"意指"architectón"的"techné",這裏的"architectón"是"arché"(起源的,原理的,第一的)和"tectón"(工匠)的合成詞。希臘人認爲,建築不僅僅是匠人的技術,更是擁有相關技術的主要知識和運用能力并通過制定計劃來引領其他工匠者實行的藝術。按照這種思維,"techné"就不僅僅是指狹義上的技術,還指一般性的製造poiesis。對此柏拉圖作了如下闡述:"製造poiesis原本是指簡單的創造。不過大家都知道創造也有好幾種,無論是什麼,當它產生時,其產生的原因完全都是因爲製造。因此所有的技術過程都是製造,所有的技術工作者都是創造者"。柏拉圖就這樣在建築的隱喻中,找到了以"製造"來對抗"生成"的立足點。Kojin Karatani, *Architecture as Metaphor*, Cambridge: MIT Press, 1995, pp.5-6.

令人遺憾的是,"architecture"被譯成"建築"(建造、修築),只譯出了建築的一個側面。這樣做也蘊涵著一種危險,它極有可能把建築引向表象主義並把它形象化爲景觀。

"營造"這個詞對我們來說並不陌生,它實際上更接近建築的本質。以下這些韓語詞典中的釋義都從不同側面描述了我們傳統的建築行爲。[營造(짓다)](1)用材料做飯、做衣服、蓋房子等。(2)用各種藥材製藥。(3)寫詩、小說、書信、歌詞等。(4)聚在一起排成隊或行列。(5)經營土地進行耕作。(6)弄虛作假。(7)利用面部或身體表示某種表情或態度。(8)通過捆紮或插入來終結。(9)犯罪。(10)對連續的事件或話語作結或下結論。(11)命名。(12)結成某種關係或結成配偶。[近義詞]耕作/寫作/栽培/著述/編撰/觸犯/建立/制定

2 比如勒·柯布西耶Le Corbusier曾經說过:"建築是陽光下展露風采的人們進行的絕妙、準確而又莊嚴的遊戲。Architecture is the mastery, correct and magnificent play of masses, brought together in light." 在這一關於空間的定義裏以光比喻真理,可以看出是屬於西方思想體系的。

3 不確定性空間indeterminate space又被稱爲不定空間indefinite space、非限定空間或自由空間uncommitted or free space (C. Price)。和密斯·凡德羅Mies van der Rohe所說的一統空間universal space同一一轍。

4 "具現"在這裏恰當充分地表達了柏拉圖存在論的基本思想。後來出現的"化身"、"化體"、"顯現"、"體現"等概念也都帶有同樣的色彩。不帶有物質性的某些非物質,通過柏拉圖所說的"理念IDEA"的顯現或基督教、伊斯蘭教所說的"道成肉身"這一事件而帶上了物質性,這種思想就是西方傳統思想的核心。

在柏拉圖的理念論Platonic Realism中,永恒的對象eternal object是一種實體,它與實際存在物actual entity是相互獨立存在的。然而在爾弗雷德·諾思·懷特海A.N.Whitehead等現代科學哲學裏,永恒的對象不是存在論的實體,而是一種可能性,只帶有基本的意義,而且這種可能性是不確定的indeterminateness,因而現實中的實體是通過在這種不確定的可能性中做選擇(決定)而實現的。這種選擇本身就是一種生成becoming,一種向永恒對象的移行ingression。

5 我們的理想是構建一個能夠使人發揮想象的建築空間。這種建築空間的性質不是由預定的某些用途決定的,而是由環境、場所、材料等因素決定的,它能夠滿足未來未知的某些用途的需要。

6 "喜怒哀樂之未發,謂之中。發而皆中節,謂之和。""蓋中無定體,隨時而在。"也就是作出價值判斷、形成概念之前的狀態。

7 宇宙是個有機體,不是死的物質運動的場所,因此所有的宇宙狀態都是有"感"的。"感"這個概念概括了現代物理學,尤其是電磁場electro-magnetic field中的相互作用等現象。

8 既是特別的又是不確定的,好像用詞有矛盾。如果不把功能作爲決定一個空間設計的主要因素的話,一般會認爲這種設計是一般性的、多功能的,而且是隨意性的。這種認識是很危險的,因爲排除特別性就會產生沒有個性的建築或是黑盒子。

"這種空間的特別性源於場所——該場所的特別性,加深對場所環境的認識是非常必要的。哪怕是短暫的一瞥,對鄰接的或大或小的空間重新進行審視,也能夠給景觀或城市的面貌增添一層魅力或詩情。對地形進行測量,在既定場所裏營造各種新的關係,提供適當的危險和興奮,揭示隱含的信息等,這些也是賦豫空間以特別性的方法。"(Florian Beigel, "Brikettfabrik Witznitz: Specific Indeterminacy-Designing for Uncertainty," *ARQ 2*, Dec. 1996)

9 "An insistence on the otherness of things, and the suggestion that what we know about them is not their own private essence—the Ding an Sich—but the influence they radiate on their surroundings...It seems quite plausible to me that it is like this because of the very fact that it is capable of existing—the fact that it does exist, that it is not crushed, scrubbed out, it seems to me that it is is necessary that there is a force which maintains it...[T]his force is...not simply an internal energy: it does not merely sustain a Presence, but is outgoing and has an impact on its surroundings." C. H. Waddington, *Behind Appearance: A Study of the Relations Between Painting and the Natural Sciences in This Century*, Edinburgh: Edinburgh University Press, 1970, pp.232-234.

10 "I have often felt in front of living being —above all in front of human heads—the sense of space atmosphere which immediately surrounds these beings, penetrates them, is already the being themselves." (C. H. Waddington, *Behind Appearance: A Study of the Relations Between Painting and the Natural Sciences in This Century*, Edinburgh: Edinburgh University Press, 1970.)

11 "能叫出她的名字之前/她只是/一種存在。//當我呼喚她的名字的時候/她走向我/成爲了一朵花。//**誰來呼喚我的名字**/那個與我的色澤和芳香相稱的名字/如同我呼喚她的名字一般。/我也願意走向她/成爲她的一朵花。//我們所有的人/都想成爲什麼。/我成爲你的,你成爲我的/不能忘卻的一個有意義的存在。"(金春洙《花》。原文有雙引號)

12 "是的。清晨的水中的一切都是清新的。在五彩斑斕的光線下,變色龍似的河水洋溢著無限的生機。在微波蕩漾的水中所有花朵都煥然一新。宛若明鏡的水面輕微的波動更是映襯得花兒嬌美無比。詩人說:'水面的波動是水中蓮花的怦然心動。'每一朵花兒的綻放都能使整個水池引起一陣騷動。蘆葦越是筆直地挺立越是襯托出微波之美。還有穿過重重疊疊的蓮葉露出水面的鳶尾花散發著無限生機,這種出奇制勝畫家當然不會錯過。鳶尾花拔出所有刀劍般鋒利的葉片,以至於讓人擔心它會傷到自己。在這一極具反諷意味的情境之下,鳶尾花嫩黃的向下翻卷的花瓣就像伸出的舌頭,在高出水面的地方低垂著。

是否可以大膽地認爲,在莫奈描繪的池塘面前,陷入沉思的哲學家會認爲鳶尾花和睡蓮,直立的蘆葦和安靜、小心地漂浮在水面的葉片,都是既相對立又相互統一的關係。這應該就是水草自身的辯證法吧。"(Gaston Bachelard, *The Right to Dream*, Dallas: The Dallas Institute of Humanities and Culture, pp.4-5)

13 "不論是在世上的什麼地方,不論是誰在按快門拍照,**那個瞬間都是唯一的瞬間**。時間,永不停止的時間,通過照片表明著它自身的獨一無二以及它的存在。而且,唯一的一次

就成了一個故事。如果沒有這一張照片,這個故事可能永遠被遺忘。…有句俗話說'一次不算什麼'。我在兒時就聽過這句話,當時覺得意思再清楚不過了。但是在攝影方面情形就不是這樣了。**因爲對於照片來說,一次真的就意味著僅有的一次**。"(Wim Wenders, *Once: Picture and Stories*, New York: DAP, 2001. p.267)

14 "direct aesthetic experience of reality." (Michael L. Benedikt, *For an Architecture of Reality*, Lumen Books, 1987.)

對於實在的直接審美經驗,竝不只是在物理環境因素的作用下形成的,它更是通過心靈感應獲得整體性感知的。

"上學的路上驀然擡頭望見林蔭樹上的新綠沐浴在陽光之中;夫婦一同出行時常穿著烏黑長袍的父親和跟在後面身著五彩錦袍的母親;除夕小飯桌上整齊排放著的圓滾滾的餃子;第一次穿定制的洋服後俊秀得幾乎讓人認不出來的奕哥和煜哥;我特別喜歡的母親珍愛的物件;雪白的水獺皮圍脖和一直戴在手上的粗大的金戒指;風和日麗的日子,院子裏紛紛飄落的紫色梧桐花瓣。"(朴婉緒《裸木》(朴婉緒一周忌紀念出版),悅話堂,2012, p.121)

15 本尼迪克特M. Benedikt雖然沒有對"虛無"作進一步的闡釋,卻浸透著尼采的"虛無主義",也就是"雖然不信奉我們日常生活的規則和價值,卻也找不到確立新價值的辦法時所面對的那種空虛感或'虛無nothingness'。"Lee Spinks, *Friedrich Nietzsche*, Routledge, 2003.

16 "The word 'emptiness' has a set of connotations not intended here-that sick and hollow feeling of loss or loneliness, the plain of hunger, and so forth. What is meant by emptiness here is rather more like silence, clarity, and transparency. Emptiness may resound without sound, may be filled by its potential to be filled by its potential to be filled, and make open what is complete." (Michael L. Benedikt, *For an Architecture of Reality*, Lumen Books, 1987)

"Emptiness means 'interval in space', 'interval in time' and 'moment/place/occasion' all at once. Emptiness is in the gaps between stepping stones, though we might walk smoothly, in the silence between the notes of the song, though we might sing legato, or in the moment a pendulum reaches the top of its arc and stops without stopping." (Michael L. Benedikt, *Deconstructing the Kimbell: An Essay on Meaning and Architecture*, Sites Books, 1992)

17 "We knew that the museum (building) would always be full of surprises. The blues would be one thing one day; the blues would be another thing another day, depending on the character of the light. Nothing static, nothing static as an electric bulb, which can be only give you one itoa of the character of light. So the museum (building) has as many moods as there are moments in time, and never as long as

the museum remains as a building will there be a single day like the other. (...) A great American poet once asked the architect, 'What slice of the sun does your building have? What light enters your room?' — As if to say the sun never knew how great it is until it struck the side of a building." (*Light Is the Theme: Louis I Kahn and the Kimbell Art Museum*, Kinbell Art Museum, 1975)

18 "我們都會講故事。背靠著背仰望夜空。那些數不清的星星從我們這裏偷走確信有時又还給我們信心。那些發現星座又給它們命名的人一定擅於講故事。把星星連起來的那些假想線條賦豫了星星形像和特性，那些線條中的星星就好像故事裏交織在一起的一個個的事件。但是對星座展開想象竝不意味著畫這些星星，更不是改變這些星星四周黑暗的夜空，而是要改變我們仰望夜空的眼光。"(John Berger, *And Our Faces, My Heart, Brief as Photos*, Vintage, 1992)

19 參見註釋6。

20 "不誠無物，誠者自成也。"(《中庸》25章)
康德在《判斷力批判》一書中指出，與機器不同的是，生物是自我再生、自我組織的一個整體。對機器來說，個個部分是相互作用的，即在功能性的整體中維系作用。相反，對於生物體來說，各個部分則是相互依存的，也就是說 "屬性自身" 在這裏沒有任何意義。對於 "存在" 或 "事物" 這些概念，我們只是把它們看作表達關係的概念Relationsbegriff。(Fritjof Capra, *The Web of Life: A New Scientific Understanding of Living Systems*, Anchor Books, 1997, p. 21)

"一事物的屬性是指對它事物所起的作用。如果我們進行思考時排除 '它事物'，那麼這個事物就不會具有屬性。換句話說沒有什麼事物能獨立存在於世間。"(尼采)

21 "阿派朗apeiron是某種X。是用水、空氣、泥土也不能確定的，或者說是待定的、無定形的——用現在的說法就是能 '分化différenciation' 的某一事物。從這個意義上說阿派朗就是 '沒有peras的'，也就是沒有界限、終極、區分、限制、確定性的，還沒被賦豫這些概念的就是阿派朗。未確定的undetermined事物被確定determined後就成了某一事物…。"(李正雨《世界哲學史》1, Gil Publishing, 2011, pp. 69-70)

22 金容沃《中庸韓語譯註》, Tongnamu Publishing, 2011, p. 159。

23 至誠無息。

24 是故君子戒慎乎其所不睹，恐懼乎其所不聞。莫見乎隱，莫顯乎微。故君子慎其獨也。

25 "聖人是與天地合一的，當然凡人也是與天地合一的。不只是人，萬物都是與天地合一的。"(金容沃《中庸韓語譯註》, Tongnamu Publishing, 2011, p. 579) 這種思想竝非只存在於東方，斯賓諾莎B.Spinoza也持同樣的看法。"'人是自然界的一份子，必須遵循自然的法則，而且只有自然是真正值得崇拜的。'在斯賓諾莎的世界裏只有一個王國，那就

是神，或者說是自然的王國。而且人類就跟石頭、樹木、貓一樣，都以同樣的方式屬於那個王國。"(Matthew Stewart, *The Courtier and the Heretic: Leibniz, Spinoza, and the Fate of God in the Modern World*, W. W. Norton & Company, 2007)

26 佛·卡普拉Fritjof Capra強調說："過去陳舊的模式是以人類爲中心的anthropocentric，而深層生態學是以生態爲中心的，是承認人類以外的其它生物固有價值的世界觀。所有生物都共存於這個相互依存的關係網中，都是生態共同體的成員。當這種深層生態學的認識成爲人們普遍的認識時，就會形成新的倫理體系。"(Fritjof Capra, *The Web of Life: A New Scientific Understanding of Living Systems*, Anchor Books, 1997, p.11) 其實這些觀點在朝鮮時期就已經提出。朝鮮時期的生態學家提出了 "人物均" 思想，這種思想把生態界看作莊嚴的生命存在的場所，看作龐大的和諧共存的場所(梅月堂金時習)，認爲人類和萬物之間沒有差別或價值等級，人類和萬物在根本上是平等的。這不僅是對人類和自然界的關係在倫理學上的探求，更是超越人和人、人和物、物和物之間的差別，對差異進行肯定的倫理学。由此又進一步發展爲肯定個別性、尊重個別事物各自的生活的倫理學，最終達到了萬物平等的思想高度。(摘自《韓國的生態思想》，朴熙秉, Dolbegae Publishing, 1999)

27 參照下文。

"In becoming architects, we learn to see the world with intelligent sensuality. Intuitive propositions become the means by which we discover the qualities of location: architectural moves, in anticipation, indicate the frame we call it 'site'. In reciprocal process, the proposition and the location each becomes a measure of each other. The unique circumstances of a situation invoke the sensual intelligence with which a strategic insight is accurately developed to an eloquent existence." (Jeanne Sillett, *Macdonald and Salter: Building Projects, 1982-86 Mega III*, Architectural Associaion Publications, 1987)

28 就像 "日光之下，竝無新事" 這句箴言一樣，也許本來就沒有所謂的創造。"完全的斷裂這一概念似乎極具說服力而且適用範圍廣泛，但許多事實證明這種力量竝沒有發生，也不會發生(…)任何一種社會都不可能製造一種變化，除非這種變化已潛藏在當時的既定條件下，否則不會發生。"(David Harvey, *Paris, Capital of Modernity*, Routledge, 2003)

29 "倚南窗以寄傲，審容膝之易安。"(陶淵明《歸去來兮辭》)

30 "太虛湛然無形，號之曰先天，其大無外，其先無始，其來不可究，其湛然虛靜，氣之原也。"

31 "17世紀是數學，18世紀是物理學，19世紀是生物學。我們所處的20世紀則是充滿恐怖的時代。"(Albert Camus, *Actuelles. Écrits politiques*, Gallimard, 1950; Paul Virilio, *L'Art*

à perte de vue, Galilée, 2005）漢娜·阿倫特Hannah Arendt也指出20世紀是暴力的時代。

32 "It has resolved personal worth into exchange value, (…) All that is solid melts into the air, all that is holy is profaned, a man is at last compelled to face with sober senses his real conditions of life and his relations with his kind." (Karl Marx and Friedrich Engels, *The Communist Manifesto*. Penguin Books, p.223)

33 "We shape our buildings, thereafter they shape us." (Winston Churchill, *Time*, June 1960)

34 "天空和大地、水和火、動物和植物等原生事物都帶著毋庸置疑的實在性展現在人們面前。"(李正雨,《神與巨人之戰》, Hangilsa Publishing, 2008, p.57)

35 李正雨,《神與巨人之戰》, Hangilsa Publishing, 2008, pp.59-61.

36 Ludwig Feuerbach, The Essence of Christianity, Preface to second edition, 1843.

37 這種振動幾乎以同樣的形式反複, 卻不完全一致; 乍一看好像是任意性的, 實際上卻是既複雜又高度統一的模式。

38 系統性生命觀把生命看作是自我組織生成的生命體, 是從機械論轉向生態學的世界觀。這種思想在許多科學領域裏以不同的發展速度形成了多種形態。這種變化不是平緩地發生的, 其中也包括了科學革命、對革命的對抗以及敗者的動搖。(F. Capra)這種觀點類似於東方思想中認爲"性"不是穩定性的存在being, 而是"創造性生成becoming"(《中庸》)的觀點。

插圖目錄

前面的數字表示頁數

121 聖度青島三愛軒。2004年竣工。2007年攝影。

122-123 尹伊桑紀念公園。2010年竣工。2012年攝影。

126-127 臨津閣觀光地。2005年竣工。2005年攝影。

128-129 臨津閣觀光地。2005年竣工。2005年攝影。

130-131 臨津閣觀光地。2005年竣工。2011年攝影。

132 臨津閣觀光地。2005年竣工。2005年攝影。

134-135 臨津閣觀光地。2005年竣工。2005年攝影。

136-137 坡州出版城(Paju Bookcity)Booxen出版物流通中心。2004年竣工。2004年攝影。

138-139 坡州出版城(Paju Bookcity)Booxen出版物流通中心。2004年竣工。2004年攝影。

142-143 寄傲軒, 昌德宮後援。

照片提供

數字表示頁數

金榮秀 122-123；金鍾五 10-11, 14-17, 23, 27, 36-37, 42-43, 47-52, 56-57, 66-67, 74-75, 78-81, 86-91, 95-101, 106-107, 110-113, 118-119, 126-129, 132-139；大田大學校 39；朴美淑 117；朴榮蔡 44-45；閔賢植 12-13, 32-33, 68-69, 108-109, 121, 130-131；安世權 84-85；李承胤 21, 60, 76-77；林正義 58-59；張錫喆 142-143；鄭永濬 70-71；崔允喜 8-9；崔喜庭 29, 35, 38, 61；卓忠爽 120

引文出處
前面的數字表示頁數

16　Paul Bourget, *Le démon de midi*, Paris: Plon, 1914, p.375。

19　(左上) Mies van der Rohe, "Introductory Remarks to the Special Issue 'Werkbundausstellung: Die Wohnung'," Friz Neumeyer, trans. Mark Jarzombek, *The Artless Word: Mies van der Rohe on the Building Art*, Cambridge: MIT Press, 1994, p.258。

19　宋基元,《致詩人河鍾五》; 河鍾五,《從四月到五月》, 創作批評社, 1984, pp.161-162。

26　(上) Christian Norberg-Schulz, "A Talk with Mies van der Rohe," in Friz Neumeyer, trans. Mark Jarzombek, *The Artless Word: Mies van der Rohe on the Building Art*, Cambridge: MIT Press, 1994; First published in "Ein Gespräch mit Mies van der Rohe," in *Baukunst und Werkform*, no. 11, Nürnberger Presse, 1958。

26　(下) Christian Norberg-Schulz, "A Talk with Mies van der Rohe,"in Friz Neumeyer, trans. Mark Jarzombek, *The Artless Word: Mies van der Rohe on the Building Art*, Cambridge: MIT Press, 1994。

28　(上) Pier Vittorio Aureli, *Brussels: A Manifesto Towards the Capital of Europe*, Rotterdam: NAi Publishers, 2007, p.7。

28　(下) Rem Koolhaas, *S, M, L, XL*, New York: The Monacelli Press, 1995。

34　朴熙秉,《韓國的生態思想》, Dolbegae Publishing, 1999。

40　David Harvey, *Paris, Capital of Modernity*, Routledge, 2003。

41　全鎮晟,《歷史與記憶》, Humanist Publishing, 2005, p.39, p.42。

53　Umberto Eco, *The Name of the Rose*, New York: A Harvest Book-Harcourt, Inc. 1984, p.72。

54　René Burri, *Luis Barragán*, London: Phaidon, 2000, p. 23。

63　Yevgeny Vinokurov, Daniel Weissbort, ed. and trans., *Post-War Russian Poetry*, New York: Penguin Books, 1974, p.103。

73　Louis I, Kahn, Nell E. Johnson, *Light Is the Theme: Louis I. Kahn and the Kimbell Art Museum*, Texas: Kimbell Art Museum, 2012。

82　C. H. Waddington, *Behind Appearance: A Study of the Relations Between Painting and the Natural Sciences in This Century*, Edinburgh: Edinburgh University Press, 1970。

83　Jean Genet, *L'Atelier d'Alberto Giacometti*, Paris: Gallimard, 2007. pp.14-15。

92　(上) Michael Benedikt, *For an Architecture of Reality*, Lumen Books, 1987, p.50。

　　(下) Michael Benedikt, *Deconstructing the Kimbell: An Essay on Meaning and Architecture*, Sites Books, 1992, p.10。

93　(右) 郭店楚簡《性自命出》。

93　(左) 金容沃,《中庸韓語譯註》, Tongnamu Publishing, 2011, p.217, pp.246-247。

104　Wim Wenders, *Once: Pictures and Stories*, New York: DAP, 2001, p.267。

105　Gaston Bachelard, trans. J. A. Underwood, *The Right to Dream* (Le droit de rêver) Dallas: The Dallas Institute of Humanities and Culture, 1989. pp.4-5。

114-116　Italo Calvino, trans. William Weaver, *Invisible Cities*, New York: Picador, 1979. pp.13, 39, 101。

125　朴景利,《土地4》, 知識產業社, 1979, p.388。

閔賢植, 1946年生於安義, 畢業於首爾大學建築系, 先後在金壽根(空間研究所)、尹承重(原都市建築研究所)門下研修建築, 由此積累了豐富的實踐經驗。1989年赴英國倫敦AA建築大學學習, 1992年成立閔賢植建築研究所"寄傲軒", 開始了獨立的建築活動。1997年起參與創辦韓國藝術綜合大學美術院, 並擔任建築系教學工作直至2012年2月退休時爲止。著有《大地空間》、《建築與時代》, 合著的有《"空"之構築》。曾獲空間對象建築獎、金壽根文化獎、建築家協會我泉將、建築家協會嚴德紋獎等諸多獎項。曾任韓國建築家協會名譽理事FKIA、美國建築家協會名譽會員Hon. FAIA。閔賢植先生常說的一句話就是"空"。他的建築哲學是不與自然相衝突, 發掘並充分利用自然原有的空間; 與建築的形態相比, 更重視與瞬息萬變的大自然之間的和諧關係。這種建築學思想在他的作品中都得到了充分的體現。而這一點對於人類和自然來說, 都是具有親和力及可變性的, 也體現了韓國傳統建築美學思想中對"開放式空間"的重視。他的代表作品有深院之家、東崇教會、聖度公司建築物、韓國傳統文化大學、大田大學、韓國科學技術院(KAIST)複合材料研究所等; 曾參與坡州出版城設計、光州亞細亞文化中心都市基本構想、濟州特別自治區景觀管理計劃等多種策劃工作; 積極投入4·3建築家團體、首爾建築學校等的建築市民化運動; 參加4·3建築家團體的建築展、威尼斯建築雙年展(1996、2002、2012)等, 應美國賓夕法尼亞大學之遙舉辦"空之構築"建築展(閔賢植+承孝相), 並在歐洲巡回舉辦建築展"S(e)oul-scape"等。

www.minhyunsik.com

權芙經, 1974年生於中國吉林省長春市。延邊大學英文學士, 韓國釜山大學中文碩士, 嶺南大學中文博士。自2011年至今於嶺南大學中文系任教, 主要從事翻譯教學和中文語法、韓中翻譯方面的研究。翻譯著作主要有:《雙語教育之實際》(2011年, 大邱教育大學出版社),《韓國漢字語研究》(2012年, 嶺南大學出版部)。

閔賢植
Min Hyun Sik Architecture 1987–2012

翻譯 權芙經

第一次出版印刷 2015年5月10日
發行人 李起雄
發行處 悅話堂
京畿道坡州市 廣印社路25 坡州出版城
電話 031-955-7000, 傳真 031-955-7010
www.youlhwadang.co.kr yhdp@youlhwadang.co.kr
編輯 李秀廷
封面設計 鄭丙圭 朴素映
印刷·裝訂 Sang Ji Sa Printing & Binding Co. Ltd

ISBN 978-89-301-0466-1

Min Hyun Sik Architecture 1987-2012 ⓒ 2015 by Min Hyun Sik
Korean Edition ⓒ 2012 by Min Hyun Sik.

Published by Youlhwadang Publishers.
Gwanginsa-gil 25, Paju Bookcity, Paju-si, Gyeonggi-do, Korea.
Printed in Korea.

本書的編輯出版得到了韓國文化藝術委員會的支持和讚助。